GABBY ET LA MAISON MAGIQUE

L'ANNÉE 2025

HISTOIRES • ACTIVITÉS • INFOS

hachette
JEUNESSE

Ce livre appartient à

....

J'ai .... ans

Sommaire

Découvre Gabby

Gabby

Gabby voit toujours le bon côté des choses et elle n'a pas peur d'être elle-même ! Elle adore les chats, cuisiner et passer du temps avec ses meilleurs amis.

Fée Minette

Fée Minette vit dans le jardin des contes de fées. Douce et bienveillante, elle aime prendre soin des autres.

et les Gabby Chats

DJ Miaou

DJ Miaou a le rythme dans les pattes ! En plus de jouer des instruments, il crée des musiques entraînantes. De quoi passer de fanchastiques moments !

Marine

Marine est la scientifique du groupe. Dans la salle de bains, cette sirène concocte des potions magiques qui lui permettent d'aider ses amis !

Pandy Pattes

Moitié chat, moitié panda, Pandy Pattes est le meilleur ami de Gabby. Ce qu'il aime par-dessus tout ? Les aventures et les câlins surprises !

Découvre Gabby

Chabriolette
Mi-chat, mi-voiture de course, Chabriolette est toujours à fond et pleine d'énergie !

P'tichou
P'tichou n'est pas forcément le plus aventureux, mais il aime s'amuser et il sait comment le montrer : avec une pluie de verminisucres !

et les Gabby Chats

Sacha

Sacha aime collectionner les objets. Surtout ceux qui brillent ! Ce chat malicieux adore faire rire ses amis.

La famille Boîte

Les membres de la famille Boîte aiment inventer et créer. En cas de problème, Bébé Boîte trouve toujours une solution astucieuse !

Polochat

Si tu cherches Polochat, tu la trouveras sûrement en train de faire la sieste dans la chambre. Mais pour raconter de belles histoires, elle se réveille avec joie !

Ta maison magique

Décore ta propre maison magique !
Quelles pièces rêverais-tu d'avoir ?

Repères-tu Gabby et les Gabby Chats dans la maison magique ?

C'est l'heure du bricolage !

Bébé Boîte a envie de fabriquer de nouvelles décorations pour son atelier. Peux-tu l'aider ?

Choisis tes couleurs et tes formes préférées pour créer de fantartistiques guirlandes.

N'oublie pas les pompons !

À chacun son empreinte !

Chaque Gabby Chat a une empreinte de patte particulière,
qui correspond à sa personnalité.
Peux-tu relier chacune d'elles à son ou sa propriétaire ?

Indice
Les empreintes de la famille Boîte sont carrées.

Indice
Les empreintes de Chabriolette ressemblent à des traces de pneus.

La nouvelle chanson de DJ Miaou

DJ Miaou est en train de composer une nouvelle chanson. Peux-tu l'aider à la terminer ? Observe les notes de musique qui se répètent et complète la dernière ligne.

Le formiaoudable salon de musique

Rien de tel qu'un air entraînant pour rassembler tous ses amis ! DJ Miaou sait jouer de nombreux instruments de musique. Combien en repères-tu ? Peux-tu les nommer ?

En place pour la photo !

Gabby et les Gabby Chats posent pour une photo tous ensemble. Chadorable ! Colorie l'image pour que ce joli cliché prenne vie.

Un fanchastique spectacle

Gabby et les Gabby Chats donnent un grand spectacle dans la maison magique. Peux-tu trouver les cinq différences entre ces images ?

Le nouveau Gabby Chat

Gabby et les Gabby Chats sont prêts à rencontrer leur nouvel(le) ami(e). Crée ton propre personnage qui vivra dans la maison magique. Dessine-lui une empreinte de pattes correspondant à sa personnalité et une formiaoudable tenue.

Écris une petite fiche pour ton personnage !

Nom : ____________________

Passe-temps favori : ____________________

Mots préférés : ____________________

Histoires amusantes à son sujet : ____________________

Dans quelle pièce de la maison magique vivra-t-il ? ____________________

____

Que la Végi-magie opère !

Gabby et les Gabby Chats profitent du soleil dans le jardin des contes de fées. Peux-tu les repérer parmi les fleurs ?

Essaie de trouver...
Essaie de trouver...

Histoire 

Rencontre avec une chalicorne

Voyons, que contient la boîte Super Mimi, aujourd'hui ?

À l'intérieur se trouve une nouvelle amie adorable. Celle-ci est à moitié chat, à moitié licorne, et elle a un cœur arc-en-ciel sur le front !

Dans la boîte, il y a aussi un bracelet à grelots et un message : « Chaque fois qu'un arc-en-ciel apparaît, une famille de chalicornes rencontre son futur bébé. Voici Kico. »

Je sais qui peut nous aider à prendre soin d'elle jusqu'au prochain arc-en-ciel.

Les Gabby Chats, bien sûr ! Il est temps de se faire tout petits !

Nous arrivons dans le jardin des contes de fées.

— Bonjour, Kico ! Je suis Gabby, et voici Pandy Pattes. On adore ta corne arc-en-ciel !

Voilà que Fée Minette surgit. Elle est vraiment ravie de rencontrer la petite chalicorne.

— Chalut, Fée Minette ! lui lance Pandy Pattes. Sais-tu à quoi servent ces clochettes ?

— Par tous les boutons de roses, bien entendu ! répond la fée. Dès qu'un arc-en-ciel apparaîtra, il faudra faire tinter les grelots, et les parents de Kico accourront au galop. Revenez ici lorsque la pluie s'arrêtera.

En attendant, nous nous rendons dans la salle de jeux.

– Bienvenue ! nous souhaite Chabriolette. Attendez de voir ce que j'ai préparé pour Kico : une course d'obstacles !

C'est parti ! Nous franchissons tous les obstacles, mais le dernier cerceau est vraiment très haut...

Tu peux y arriver, Kico ! Je frotte le cœur sur son front pour l'encourager. Et cela lui donne la force de s'envoler ! Pandastique !

Kico vole si haut qu'elle renverse un seau de craies arc-en-ciel sur sa tête.

– Direction la salle de bains, pour faire un brin de toilette ! déclare Pandy Pattes.

Marine accueille la petite chalicorne avec joie.

– Ce qu'il te faut, c'est l'un de mes chabuleux bains de bulles arc-en-ciel ! sourit-elle.

Ensuite, elle a une idée. Et si elle tressait le bracelet à grelots dans la crinière de Kico ? Aussitôt dit, aussitôt fait !

Juste après, Sacha vient saluer Kico.

– J'ai entendu dire que tu attendais un arc-en-ciel, lui dit-il. La pluie est train de se calmer. Et lorsqu'elle s'arrêtera…

J'ai compris ! Un arc-en-ciel apparaîtra ! Il faut vite retourner au jardin des contes de fées !

Sur place, je constate que la pluie est sur le point de cesser. Fanchastique ! Scrutons le ciel.

– J'ai quelque chose pour vous aider, déclare Fée Minette. Voici mon détecteur d'arcs-en ciel !

Grâce à l'objet, j'aperçois rapidement un arc-en-ciel, au loin. Maintenant, Kico n'a plus qu'à agiter ses grelots. Et qui surgit au sommet de l'arche colorée ? Son papa et sa maman !

Pandy Pattes est aussi heureux que moi.

– On s'est bien amusés, aujourd'hui ! déclare-t-il.

Nous serrons Kico dans nos bras, et elle nous fait plein de bisous. Il est temps pour elle de rencontrer ses parents !

Une fois sur l'arc-en-ciel, elle nous envoie des baisers qui se transforment en cœurs !

– Au revoir, Kico ! lui disons-nous. Nous ne t'oublierons jamais !

La balnéoscience

Dans la salle de bains, Marine montre à Gabby comment mélanger les lotions et les potions. Retrouve l'emplacement de chaque pièce manquante dans l'image.

Quel genre de potion magique aimerais-tu pouvoir créer ?

A

B

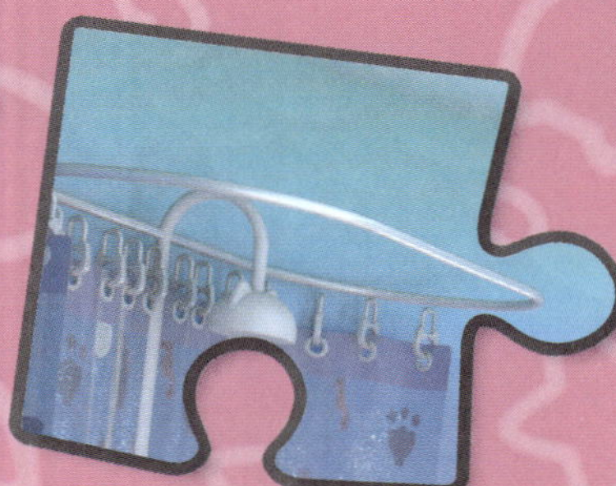

C

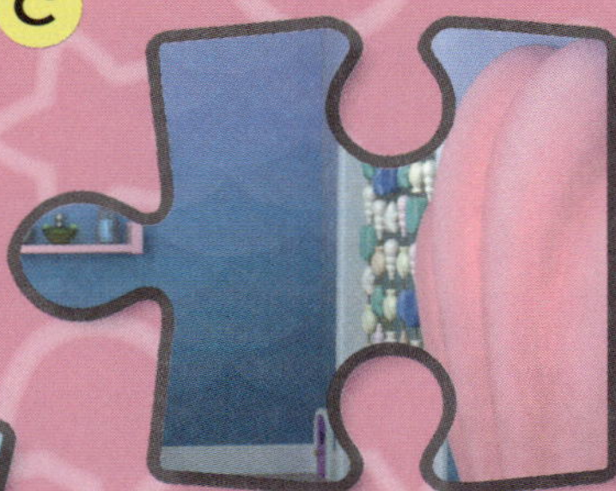

D

Un goûter à la sauce P'tichou

Invente ton propre goûter. À quoi ressemblera-t-il ?
Qu'utiliseras-tu pour le préparer ?

Pour préparer un chat-sirène, recouvre un pancake avec des fruits. Moi, j'ai utilisé des raisins secs pour le visage, des rondelles de banane pour les écailles, des fraises pour les oreilles et des tranches de pomme pour la queue.

Ce que je préfère, ce sont les écailles en banane !

Décore avec les Gabby Chats

Gabby et les Gabby Chats veulent décorer la maison magique pour Noël. Peux-tu les aider à trouver tout ce dont ils ont besoin ? Repère puis entoure chaque objet de décoration dans la grille. N'oublie pas que les mots peuvent être écrits de gauche à droite, de droite à gauche, de haut en bas ou en diagonale.

G	U	I	R	L	A	N	D	E	X
B	G	A	V	U	N	O	Ë	L	Z
P	O	M	R	M	A	W	X	C	Q
A	B	Z	F	I	G	F	V	A	U
G	B	B	E	È	H	J	Y	D	Z
X	C	O	U	R	O	N	N	E	U
B	Q	U	M	E	U	Q	R	A	O
Z	W	L	O	S	A	Z	B	U	Z
L	A	E	U	F	A	L	O	X	U
M	O	S	Z	I	G	Q	R	P	W

Boules **Couronne** **Noël**

Guirlande **Cadeaux** **Lumières**

L'ouverture des cadeaux

Pour Noël, Gabby et ses amis s'offrent des cadeaux.
Peux-tu relier chaque Gabby Chat à celui qu'il a reçu ?

1

A

2

B

Indice
DJ Miaou vit dans le salon de musique.

C

3

Cuisine avec P'tichou !

P'tichou adore préparer des goûters spectaculaires pour ses amis. Aujourd'hui, il leur concocte une délicieuse salade de fruits. Peux-tu l'aider à trouver trois fruits de chaque variété, cachés dans la cuisine ?

Essaie de trouver 3 . . .
Essaie de trouver 3 . . .

Un bolide vrombissant !

Chabriolette vit dans la salle de jeux, mais elle adore se promener aux quatre coins de la maison magique pour rendre visite à ses amis. Peux-tu suivre les lignes et découvrir dans quelle pièce elle se rend aujourd'hui ?

La salle de bains

À quel Gabby Chat Chabriolette rend-elle visite ?

La chambre

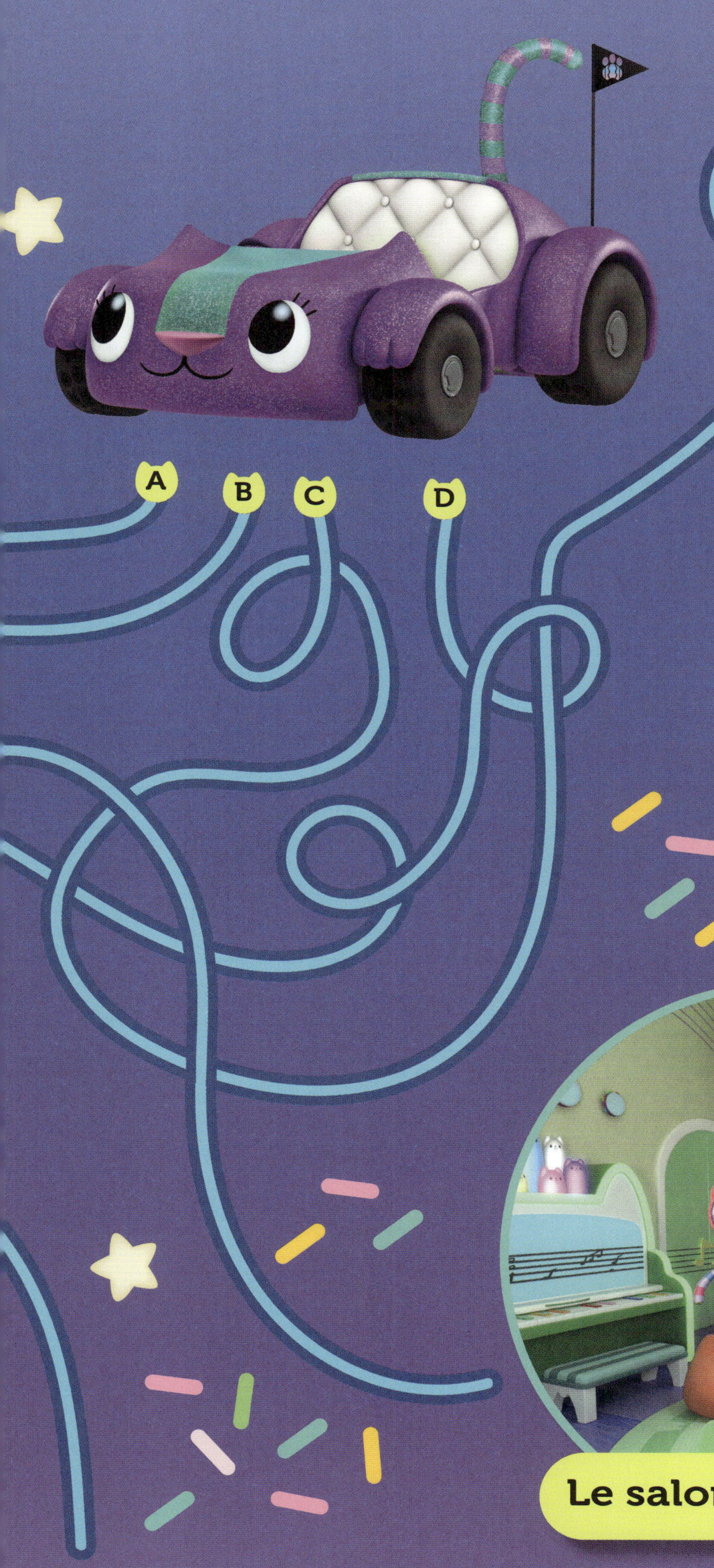

L'atelier

Le salon de musique

Sacha bricoleur

Sacha s'est faufilé en douce dans l'atelier.
Peux-tu retrouver les cinq objets qu'il a dérobés ?

Tout ce qui chatoie est à moi !

Les meilleurs amis

Gabby et Pandy Pattes sont les meilleurs amis du monde. Ils ne se trouvent jamais loin l'un de l'autre ! Peux-tu repérer les deux photos identiques de Gabby et Pandy Pattes ?

A

B

C

D

E

F

Une formiaoudable magie

Gabby a des oreilles de chat magiques qui lui permettent de rétrécir, afin de pouvoir entrer dans sa maison de poupée. Ses oreilles sont assorties à son meilleur ami, Pandy Pattes. Dessine tes propres oreilles de chat magiques ici !

Quel serait le pouvoir magique de tes oreilles de chat ?

Un peu d'imagination !

Avant de dormir, Polochat écoute l'histoire du soir racontée par Gabby. Mais elle n'est pas seule ! Peux-tu repérer tous les Gabby Chats qui se cachent dans la chambre ?

Essaie d'imaginer ta propre histoire du soir.

Vois-tu Sacha ?

Les deux font la paire

La bienveillante Fée Minette adore prendre soin de ses amis ! Peux-tu désigner les deux images identiques, ci-dessous ?

A

B

C

D

E

F

Le jardin des contes de fées

Comme souvent, Fée Minette se trouve dans son jardin rempli de fleurs féeriques. Colorie la scène pour que la Végi-Magie opère !

Histoire 

Super-héros à la rescousse

Aujourd'hui, dans la boîte Super Mimi, Gabby a reçu deux costumes de super-héros !

– Nous sommes les défenseurs de la maison magique ! Nous allons la protéger des méchants ! déclare-t-elle.

La petite fille chante sa chanson spéciale, celle qui lui permet de rétrécir et de pouvoir entrer dans la maison magique.

Gabby et Pandy Pattes retrouvent P'tichou dans la cuisine.

– Chaud devant ! prévient-il. Les super-biscuits sortent du four !

Mais Sacha le chabolique surgit.

– Des biscuits ? demande-t-il.

— Je vais piéger l'ensemble des Gabby Chats, comme ça, TOUS les biscuits seront à moi ! menace-t-il.

Il utilise le rayon cache-cache de son pistochat pour enfermer P'tichou à l'intérieur d'un livre de recettes, avant de s'enfuir !

— Comment allons-nous libérer P'tichou ? s'inquiète Pandy Pattes.

— D'abord, il faut le retrouver ! répond Gabby.

Ils feuillettent le livre et découvrent leur ami à la page des smoothies. Vite, Pandy Pattes se sert de sa queue pour l'extirper de là.

— Vous m'avez trouvé ! se réjouit P'tichou.

Au même instant, un cri retentit dans le salon de musique.

— On dirait DJ Miaou, déclare Gabby. Sacha a encore dû jouer un vilain tour !

Les deux super-héros accourent sur place.

— Je suis super coincé ! explique DJ Miaou.

En effet, Sacha le chabolique l'a piégé avec son rayon élastique. Gabby essaie de tirer sur les cordes. Mais voilà qu'elle glisse et chute au pied de l'arbre à instruments !

Les tambourins rouges dégringolent, puis les cordes rouges disparaissent.

– Regardez ! signale Gabby. Les cordes élastiques disparaissent lorsque l'on joue d'un instrument de la même couleur qu'elles.

Les deux super-héros se mettent alors à jouer de tous les instruments, et DJ Miaou est libre !

– Merci, les défenseurs de la maison magique ! s'exclame-t-il en dansant.

Peu après, c'est au tour de Fée Minette d'appeler à l'aide !

Direction le jardin des contes de fées !

– Rien de personnel, affirme Sacha. Mais je veux ces biscuits pour moi tout seul !

Sur ces mots, il emprisonne Fée Minette dans une bulle. Alors que Gabby et Pandy Pattes veulent l'aider, le super-vilain les vise avec son rayon rétrécissant !

Gabby observe les bulles qui flottent dans les airs, et cela lui donne une idée. Les deux super-héros se mettent à bondir de bulle en bulle, jusqu'à atteindre Fée Minette. Ils lui font un gros câlin, et la bulle éclate ! Leur amie est libre.

— Merci de m'avoir sauvée ! dit-elle, soulagée. Il est temps de redescendre.

Ils atterrissent tranquillement sur le sol.

— Maintenant, je vais vous rendre votre taille normale… avec un peu de Végi-magie ! ajoute-t-elle.

— C'est l'heure du super-goûter ! signale ensuite Gabby. Rendez-vous en cuisine !

Sacha est déjà là.

– Je me suis rétréci avec mon propre rayon rétrécissant ! Maintenant, ce biscuit est beaucoup trop grand pour moi !

– Je peux te rendre ta taille normale, lui indique Fée Minette. Seulement si tu nous promets de ne plus jouer de vilains tours !

– D'accord, d'accord, accepte-t-il.

– Vive les défenseurs de la maison magique ! clame DJ Miaou.

– Laissez-moi manger ce biscuit en votre honneur ! déclare Sacha.

Les amis de la maison magique

Gabby et les Gabby Chats se prennent en photo tous ensemble. Dessine-toi avec eux, puis colorie l'image pour lui donner vie. Chadorable !

Peux-tu imaginer une petite chanson pour l'un des personnages ?

Histoire

Après-midi avec les cousins

Cet après-midi, P'tichou a invité ses cousins cupcakes pour s'amuser !
Je sens que ça va être la fête des verminisucres !
Bienvenue dans la maison magique, Praline, Pépite,
Frangipane et Profiterole !

P'tichou a dressé une liste de choses amusantes à faire ensemble.

Tout d'abord, direction le salon de musique pour voir DJ Miaou.

– P'tichou m'a dit que vous aviez une chanson préférée ! déclare ce dernier.

– « Le vieux McDonald », répondent les cousins en chœur.

DJ Miaou a prévu un sac rempli de jouets en forme d'animaux de la ferme. Voilà de quoi rendre la chanson encore plus fanchastique !

Profiterole regarde dans le sac de Pandy Pattes et en sort un sandwich. Un sandwich peut-il faire de la musique ?

— Quand je mange un sandwich, ma bouche fait toujours *miam-miam,* confie Pandy Pattes.

Et ce nouveau son rend la chanson plus pandastique encore !

Puis nous nous rendons dans l'atelier pour bricoler avec Bébé Boîte.

— J'ai pensé qu'on pourrait tous peindre notre goûter préféré sur cette feuille de papier, annonce P'tichou.

Il y a des pinceaux pour tout le monde, et les cousins commencent à peindre sans attendre. J'utilise l'un des pinceaux pour relier les points. Cela donne un beignet ! Mon goûter favori ! Pour finir, P'tichou et ses cousins saupoudrent le beignet avec des petites empreintes de pattes.

C'est l'heure du goûter, justement ! Il est temps d'aller en cuisine. P'tichou a préparé une assiette de fruits pour pouvoir réaliser des brochettes.

Mais les cousins fabriquent autre chose : des fruitomobiles !

En les voyant, P'tichou a une idée.

– Qui veut m'aider à installer un circuit en pâtes ? demande-t-il.

Une fois que c'est fait, la course de fruitomobiles peut commencer !

– Voilà nos pilotes ! je commente, tandis qu'ils abordent le dernier virage. Bravo à tous !

Maintenant que la course est terminée, nous pouvons déguster notre succulent goûter.

Pour notre dernière activité, nous rejoignons Polochat dans la chambre. Les cousins cupcakes veulent qu'elle leur raconte une histoire avec des Vikings, un sandwich et de la tarte aux myrtilles.
Polochat a suffisamment d'imagination pour ça !

Dans son histoire, nous sommes des Vikings, et nous embarquons sur un sandwich. Cap sur l'île de P'tichou !

C'est alors que nous remarquons quelque chose à la surface de l'eau. Des parts de tarte aux myrtilles nous attaquent !

Heureusement, un hélicoptère-beignet arrive à notre secours et nous transporte sains et saufs sur l'île de P'tichou. Ouf !

— Wahou ! Elle était drôlement chouette, ton histoire ! s'exclame P'tichou. C'était l'après-midi le plus saupoudrifique de tous les temps !

Il n'a qu'une hâte : que ses cousins reviennent vite lui rendre visite !

Solutions

Page 11

Pages 14/15

Page 16

Page 19

Pages 22/23

Page 30

Solutions

Page 32

G	U	I	R	L	A	N	D	E	X
B	G	A	V	U	N	O	Ë	L	Z
P	O	M	R	M	A	W	X	C	Q
A	B	Z	F	I	G	F	V	A	U
G	B	B	E	È	H	J	Y	D	Z
X	C	O	U	R	O	N	N	E	U
B	Q	U	M	E	U	Q	R	A	O
Z	W	L	O	S	A	Z	B	U	Z
L	A	E	U	F	A	L	O	X	U
M	O	S	Z	I	G	Q	R	P	W

Page 33

A - 3, B - 1, C - 2

Pages 34/35

Pages 36/37

Chabriolette rend visite à DJ Miaou, dans le salon de musique.

Pages 38/39